DE L'INDUSTRIE
MANUFACTURIERE
EN FRANCE,

par

M. MICHEL CHEVALIER;

SUIVI D'UNE NOTE DE

M. A.-P. de Candolle,

SUR LE

TABLEAU DE L'ÉTAT PHYSIQUE ET MORAL DES OUVRIERS

EMPLOYÉS DANS LES

Manufactures de Coton, de Laine et de Soie.

PRIX : 50 CENTIMES.

PARIS,

JULES RENOUARD ET Cie,

6, RUE DE TOURNON.

1841

DE L'INDUSTRIE

MANUFACTURIÈRE

EN FRANCE.

DE L'INDUSTRIE
MANUFACTURIÈRE
EN FRANCE,

par

M. MICHEL CHEVALIER;

SUIVI D'UNE NOTE DE

M. A.-P. de Candolle,

SUR LE

TABLEAU DE L'ÉTAT PHYSIQUE ET MORAL DES OUVRIERS

EMPLOYÉS DANS LES

Manufactures de Coton, de Laine et de Soie.

PARIS,

JULES RENOUARD ET Cie,

6, RUE DE TOURNON.

1841

DE L'INDUSTRIE
MANUFACTURIÈRE
EN FRANCE.

———————◇⟫⟩⋙❀⋘⟨⟪◇———————

L'Académie des sciences morales et politiques avait confié à M. Villermé et à M. Benoiston de Châteauneuf la mission de faire des recherches dans les départemens sur l'état physique et moral des ouvriers dans les fabriques de soie, de coton et de laine. M. Villermé s'est chargé d'explorer les départemens du Nord et du Nord-est, où sont particulièrement concentrées les trois grandes branches d'industrie de la soie, de la laine et du coton, et il s'en est acquitté en observateur expérimenté, en philosophe animé du zèle philanthropique le plus ardent et le plus

1.

éclairé. De toutes les questions d'administration intérieure, je n'en connais aucune plus
vaste aujourd'hui que celle qu'étudiait le savant
académicien, et il a su constamment se tenir à
la hauteur du sujet. Il a examiné avec soin tous
les détails de la vie matérielle des ouvriers,
leur logement, leurs vêtemens, leur nourriture. Médecin habile, il a pu pousser cet examen plus avant qu'un autre. Il a sondé les
plaies morales de la classe ouvrière, analysé les
vices qui souvent la dégradent, signalé quels en
étaient les causes et les lamentables effets.

Au lieu de s'égarer dans des spéculations vagues et hasardées, M. Villermé a procédé selon la méthode que Bacon a inaugurée en Europe, par l'observation. Le nombre des faits
qu'il a réunis, groupés et classés est extraordinaire. Une bonne partie de ses études a été
réservée aux institutions qui ont pour but de
régler la position de l'ouvrier, de lui assurer la
jouissance de ses droits et de lui marquer la
ligne de ses devoirs : le livret et les conseils de

prud'hommes, les caisses d'épargnes, les sociétés de secours mutuels, les institutions de
bienfaisance, les écoles, et enfin les salles d'a-
syle, qui malheureusement ne se multiplient
que dans nos grandes villes.

A propos des écoles, il discute l'opinion
professée par beaucoup de personnes, que l'i-
gnorance est la principale cause des crimes.
Cette opinion a maintenant la réalité contre
elle. Dans son *Essai sur la Statistique morale de
la France*, M. Guerry a montré qu'il s'en fallait que les départemens où il y a le moins
de savoir fussent ceux où il se commet le
plus de crimes. La région de l'Est, qui a
deux fois au moins autant d'instruction que la
région du centre, a aussi deux fois au moins
autant d'accusés. Si, partageant la France en
cinq régions, l'Est, le Nord, le Sud, l'Ouest
et le Centre, on les échelonnait d'après
le chiffre proportionnel de l'instruction, ou
d'après celui des crimes contre les personnes
(les seuls pour lesquels la comparaison ait été

faite), l'ordre serait toujours le même. Dans sa
Statistique de la France, M. d'Angeville déclare
avoir été stupéfait, quand d'impitoyables chif-
fres lui ont révélé que les trente-deux départemens de la France du Nord, qui sont les plus
éclairés, comprenaient treize des dix-sept départemens qui présentent le plus d'accusés (les crimes contre les personnes et contre les propriétés étant réunis), n'en laissant ainsi que qua-
tre au groupe de cinquante-quatre départemens
dont se compose le Midi. M. Charles Dupin est
arrivé à des conclusions non moins saisissantes,
en mettant les dix-neuf départemens où l'instruction, les manufactures et le commerce
sont très-répandus, en regard des soixante-
sept autres. Dans les premiers, il trouve sur
les bancs des assises 1 accusé sur 10,804 habitans pour des crimes contre les personnes, et
1 sur 4,792 pour des crimes contre les propriétés. Dans les seconds, ce n'est qu'un accusé sur
15,137 ames pour les crimes contre les personnes, et 1 sur 8,608 pour les crimes contre
les propriétés. Cette découverte de la statisti-

que contient un solennel enseignement qui
doit tempérer la vanité de l'homme. La science
n'est pas toute la sagesse, elle en est tout au
plus le commencement. L'avis de M. Villermé, avis fort sensé, c'est que l'instruction seule ne saurait réprimer les mauvais penchans
pas plus qu'elle ne les développe. Elle n'a
d'action morale, elle ne diminue l'orgueil,
elle ne modère l'ambition, elle ne pousse au
travail, elle n'enseigne l'économie, elle n'é-
loigne des actes honteux ou criminels, qu'autant qu'elle est étroitement combinée avec
l'habitude des bonnes mœurs et les sentimens
religieux. Il se garde bien de conclure qu'il
faille cesser d'encourager l'instruction; il veut
seulement qu'on s'applique énergiquement à
la mener de front avec l'éducation qui soigne
l'ame pendant que l'instruction cultive l'in-
tellect. Mais à cette fin, que faire? M. Villermé
ne le dit pas; il n'essaie pas même de le dire,
et il a raison ; car nul n'a la solution du problème. La religion, qui seule est la bonne gar-
dienne des ames, a reçu des coups terribles,

elle git dans l'arène ; et qui peut se flatter de
la relever ?

M. Villermé s'est soigneusement occupé du
livret, et il faut lui en savoir gré. Il faut si-
gnaler l'importance qu'il y attache, les soins
qu'il met à en faire remonter l'honneur à l'ad-
ministrateur modeste et infatigable, M. Costaz,
qui en eut l'idée et qui sut la faire goûter d'un
ministre éminent, digne d'avoir sous lui de
pareils aides, M. Chaptal. Les livrets sont des
états de service. C'est sa propre biographie
que chaque ouvrier porte avec lui, avec cette
réserve cependant qu'on n'y fait figurer que
ses titres à l'estime de ses chefs et à leurs ré-
compenses, et jamais ce qui pourrait le si-
gnaler à leur sévérité. Il y a le plus grand
parti à en tirer, non pas seulement pour la po-
lice et le petit ordre des rues, mais pour le
plus grand ordre, celui de la société, qui
consiste dans le classement régulier de tous les
membres du corps social.

L'institution des conseils de prud'hommes
est une création plus admirable encore, une

solide pierre d'attente pour l'ordre à venir. Ce fut une idée qui vint à Napoléon, un jour qu'il passait au travers de Lyon, en courant. Elle a déjà porté des fruits; elle en portera bien d'autres, s'il plaît à Dieu. On sait qu'un conseil de prud'hommes va être organisé à Paris. On doit en attendre les résultats les plus heureux. Ces conseils sont particulièrement propres à établir l'harmonie entre les maîtres et les ouvriers. Leur caractère est éminemment conciliateur, et c'est par là qu'ils se distinguent de toutes les autres juridictions. Sous ce rapport, ce sont des tribunaux sans pareils. Pour l'ensemble du royaume, ils ont concilié, de 1830 à 1834, vingt-sept causes sur vingt-huit. Deux classes de membres composent les conseils de prud'hommes; celle des négocians-fabricans, et celle des ouvriers ou chefs d'ateliers patentés, élus les uns et les autres par leurs pairs. Mais, sur beaucoup de points, il a été difficile, impossible de trouver des chefs d'ateliers patentés, autres que des fabricans; et, dès-lors, les conseils de prud'hommes

n'ont représenté qu'un intérêt. « Alors, dit
« M. Villermé, on considère comme chefs d'a-
« teliers, pour les faire concourir à la compo-
« sition de ces conseils, les maîtres teintu-
« riers et d'autres entrepreneurs d'opérations
« réputées accessoires, qui ont les mêmes in-
« térêts que les fabricans. » Et, par conséquent, le conseil de prud'hommes perd son
caractère de tribunal mixte. Il ne représente
plus toute l'industrie. C'est, comme dirait *la
Gazette*, du représentatif par monopole. M. Villermé, frappé de cette lacune, a comparé le
conseil des prud'hommes de Lyon, composé
des deux classes de membres, avec d'autres
conseils où ne figurent, à vrai dire, que des
chefs d'établissement. Il lui a paru que dans
tous, sans exception, il y avait un honorable
sentiment du juste, une grande intelligence
des idées, des mœurs, des besoins, des intérêts véritables de la classe ouvrière. Mais nulle
part il n'a trouvé une influence morale pareille
à celle dont jouit le conseil des prud'hommes
de Lyon. Les ouvriers qui y siègent, précisé-

ment parce qu'ils s'y trouvent sur le pied d'é-
galité avec des fabricans, s'efforcent de n'être
jamais au-dessous d'eux. Ils luttent avec eux
d'équité. Se sentant respectés, ils se respectent
eux-mêmes. Il y a là une puissante garantie
pour la tranquillité publique; car des ouvriers
élevés aux fonctions d'arbitres et de juges, en
contact habituel avec les chefs d'industrie,
sur des siéges consulaires, ont nécessairement
parmi leurs pareils une grande autorité, et
ils ne peuvent manquer de l'exercer au profit
de la paix et de la bonne harmonie, du moment où il est évident pour eux qu'ils ne sau-
raient servir autrement l'intérêt qu'ils repré-
sentent. Or, ce dernier point leur tombe sous
le sens, parce que les conseils de prud'hommes
en principe, et celui de Lyon en réalité, sont
composés inégalement de maîtres et d'ouvriers; l'inégalité d'ailleurs y est aussi faible
que possible. Les maîtres y forment la moitié
plus un.

Le conseil de prud'hommes de Lyon est un

des phénomènes sociaux de notre époque,
par le rang qu'il occupe dans l'opinion, et
plus encore par le bonheur avec lequel il
remplit le rôle difficile de conciliateur. A Lyon,
un procès non concilié entre le maître et l'ouvrier est une rareté. Il faut le dire pourtant,
on ne serait pas fondé à conclure absolument
des ouvriers lyonnais à ceux des autres cités.
La population lyonnaise se recommande par
des qualités qui n'existent point partout.
Ainsi que le disait, il y a peu de mois encore,
au prince royal à son passage à Lyon, M. Ar-
lès-Dufour, l'un des hommes les plus hono-
rables et les plus éclairés du commerce français, c'est une race supérieure qui vibre et
s'agite à toutes les grandes phases que traverse
la patrie. Le prince, relevant cette pensée avec
l'esprit d'à-propos dont il a donné des preuves
si multipliées dans cette brillante tournée du
Midi, répondit qu'à ses yeux Lyon n'était pas
seulement un grand centre d'affaires et d'industrie, que c'était un des boulevarts de l'État,
une des forces de la France, un centre de vie

et d'action d'où devait partir et rayonner dans
l'Est et le Midi une grande impulsion nationale ; ce jugement sera sanctionné par l'histoire, malgré les fruits amers qu'a portés le
patriotisme mal dirigé des Lyonnais.

Au surplus, quelles que soient les qualités
particulières à la population lyonnaise, on doit
présumer, et pour moi je n'en doute pas,
que si, dans les autres conseils de pru-
d'hommes, créés ou à créer, l'on conju-
guait comme dans celui de Lyon, les deux
intérêts rivaux du maître et de l'ouvrier, ce
serait un bon pas de fait vers la fin de dissen-
sions fatales.

De ce point de vue, les conseils de pru-
d'hommes fournissent le moyen de résoudre
un problème politique fort embarrassant et
réellement insoluble dans les termes où or-
dinairement on 'le pose. On parle beaucoup
de droits politiques, de l'extension du droit de
suffrage et du suffrage universel. Et il y a à

ce sujet un mot qui est devenu un aphorisme sacramentel de nos Hippocrates politiques : *Il y a quelque chose à faire*. Il est certain pourtant que nous sommes déjà beaucoup plus près du suffrage universel qu'on ne le croit. Le nombre des citoyens qui participent aux affaires publiques est énorme. La dignité électorale pour la Chambre des Députés, les conseils généraux et communaux et la garde nationale a été conférée à quelques millions d'hommes ni plus ni moins. L'électorat spécial ouvre une voie pour l'étendre encore, non seulement sans danger mais avec profit. Je m'explique :

Je demande humblement pardon à la démocratie de la liberté grande. Mais je ne crois point du tout que chacun ait le droit d'avoir une opinion sur les affaires d'État et soit fondé à revendiquer une part dans le gouvernement du royaume et dans celui de l'Europe, même médiatement, en concourant à la nomination des députés qui, réunis, exercent en théorie un tiers de la souveraineté, en fait, les neuf-dixièmes. Le don de gouvernement a été accordé à peu. Une assemblée nombreuse et mobile en jouit rarement ; la multitude, jamais. Il y a dans la vie des peuples des époques de crise, où la société mue et change de peau, où le corps social se régénère. La terre tremble et se dérobe sous les pas, l'atmosphère est obscurcie, le ciel gronde. Alors tout est remis en question. Les anciens pouvoirs publics se trouvent au-dessous de leur tâche et sont débordés ; l'influence gouvernementale se déplace et s'éparpille. Alors la nation toute entière descend sur la place publique, délibère, évoque des hommes nouveaux et des choses nouvelles. Alors la tunique sacrée est déchirée, et chacun en prend son lambeau. Alors des assemblées, organes des désirs éclos parmi les populations, interprètes de leurs alarmes, de leurs regrets confus, de leurs vagues espérances, trop souvent de leurs ressentimens et de leurs haines brutales ou de leurs jalousies, accaparent l'au-

2.

torité, la moulent en cent façons, en usent et
en abusent. Ce sont les temps d'États-Généraux,
de Conventions ; ce sont des momens d'épreuve
dans l'existence des peuples, des jours de sou-
cis, d'angoisses et de tortures traversés par
des lueurs de joie, par des inspirations ra-
dieuses, par des rêves de bonheur. C'est le
passage dans les Limbes. C'est du gouvernement provisoire. Hors de là, c'est-à-dire en
temps régulier, quand la société a repris son
assiette, quand elle est constituée (ce qui ne
veut pas dire avoir une Constitution de
l'an III, ou de l'an V, ou de l'an VIII), chacun
retourne à son rôle. Les lois de l'équilibre
politique, aussi éternelles que celles de la gra-
vitation, reprennent leurs cours. Le public
donne sa démission de gouvernement. Ce n'est
plus tout le monde qui gouverne ; le gouvernail est remis alors à un pouvoir suprême,
royauté, aristocratie ou oligarchie. Peu im-
porte, ce n'est pas ici la question. Cependant
le régime représentatif ne peut pas être une
fiction mensongère. Il ne se peut que ce soit

pour un vain fantôme que tant de sang géné-
reux ait été versé et tant de génie dépensé depuis cinquante ans, et que des nations glo-
rieuses se soient plongées dans des bains
d'huile bouillante ou dans un Styx affreux.

Non certes le régime représentatif ne peut
périr. Le principe en est vieux comme le
monde. Il ne finira qu'avec lui, il se développe
toujours. Il n'a rien de commun avec ce que
des publicistes égarés nous ont vanté sous le
nom de régime parlementaire, c'est-à-dire avec
le gouvernement absolu d'une Chambre ou de
deux, qu'on suppose douées de toute science
et de toute sagesse, familières avec tous les
intérêts, tous les droits, tous les devoirs. L'es-
sence du gouvernement représentatif, c'est
que les citoyens y sont groupés selon l'affinité
de leurs intérêts, et que chaque intérêt y a sa
représentation distincte, ses organes, ses ga-
ranties, son code. Chaque citoyen concourt,
non à diriger le gouvernail de l'État, non à tenir ou à renverser la balance de l'Europe, mais
à administrer ou à contrôler les affaires du

cercle dans lequel sa vie est enfermée, et d'où il ne songe pas à sortir, quoiqu'il en ait la liberté. Chacun alors est non un dix-millième ou un millionième de Richelieu, en supposant que des milliers ou des millions de particules, se rencontrant par hasard, comme les atômes crochus d'Epicure, puissent faire un génie, mais un membre plus ou moins haut placé, plus ou moins actif, plus ou moins puissant, d'une communauté englobée elle-même dans une autre plus vaste, qu'englobent successivement d'autres de plus en plus spacieuses jusqu'à la dernière, qui est l'État. Tous ces corps s'enveloppant les uns les autres, réagissent les uns sur les autres à la façon des sphères planétaires qui, entourées de satellites, sont elles-mêmes groupées autour du soleil, et composent avec lui une majestueuse unité. Le système représentatif ainsi compris se prête à bien des formes de gouvernement, car il peut s'associer à bien des principes. Indissolublement lié à la loi d'égalité, inséparable de la publicité et du contrôle, il

doit servir de base un jour à l'organisation
politique du monde entier. Dans le système
représentatif ainsi entendu, l'élection spécialisée doit jouer un rôle immense, car l'élection
est excellente à deux conditions : 1° que ceux
qui élisent soient moraux ; 2° qu'ils soient
éclairés, c'est-à-dire qu'ils sachent pour quoi
et pour qui ils votent, ce qu'ils attendent de
l'élu et jusqu'à quel point il est capable. Or,
avec l'élection spécialisée, la seconde de ces
deux clauses est toujours remplie. Quant à
la première, je n'en parle pas ; elle dépend de
Dieu plus que des hommes : *ab Jove, principium.*
Dans ce véritable système représentatif il
peut donc y avoir, sinon le suffrage universel, du moins un suffrage extrêmement
étendu ; ce serait une rotation électorale
fort active, qui cependant ne serait pas
un tourbillon ; une multitude prodigieuse
de droits électoraux, qui ne serait pas un
tohubohu. Il n'y a pas de meilleur moyen
pour rendre l'élection sincère, c'est-à-dire
pour que l'élu représente effectivement la ma-

jorité ; ce dont , dans beaucoup de cas , nous
sommes extrêmement éloignés aujourd'hui ;
car qu'elle est énorme dans nos réunions élec-
torales la proportion de ceux qui brillent,
comme Cassius et Brutus aux funérailles de
Junie, par leur seule absence, toutes les fois
qu'on fait un appel à la foule, ainsi qu'on
le pratique à l'égard des conseils municipaux
et de la garde nationale !

Voici maintenant ce que ce long exposé a
de commun avec les conseils de prud'hommes:
ces conseils, ou du moins l'un d'eux, celui de
Lyon, offrent l'exemple des fonctions électo-
rales confiées à la classe ouvrière avec profit
pour l'ordre public non moins que pour la liberté. C'est un germe précieux du gouvernement représentatif tel qu'il tend à s'installer
dans toute l'Europe.

Cette digression de politique spéculative est
tout extérieure au cadre que s'est tracé
M. Villermé. Elle justifie pourtant le cas qu'il
fait des prud'hommes, la sollicitude avec laquelle il les a examinés. J'ai hâte au surplus

de rentrer dans l'enceinte où il s'est renfermé.

Il y a cent cinquante ans, un homme dont le génie embrassait les arts de la guerre et ceux de la paix, l'illustre Vauban, qui avait couru tout le royaume, tantôt pour inspecter les fleuves et y ordonner des travaux réclamés par le commerce, tantôt pour couvrir toutes nos frontières de fortifications que l'Europe admire et redoute autant que par le passé, il y a, disons-nous, un siècle et demi, un an après la paix de Riswick, Vauban écrivait les lignes suivantes :

« Par toutes les recherches que j'ai pu faire
« depuis plusieurs années que je m'y applique,
« j'ai fort bien remarqué que dans ces derniers
« temps, près de la dixième partie du peuple
« est réduite à la mendicité, et mendie effec-
« tivement ; que, des neuf autres parties, il
« y en a cinq qui ne sont pas en état de faire
« l'aumône à celle-là, parce qu'eux-mêmes
« sont réduits, à très-peu de chose près, à
« cette malheureuse condition ; que, des qua-
« tre autres parties qui restent, trois sont fort

« mal aisées et embarrassées de dettes et de
« procès ; et que, dans la dixième, où je mets
« tous les gens d'épée, de robe, ecclésiastiques
« et laïques, toute la noblesse haute, la no-
« blesse distinguée, et les gens en charge mi-
« litaire et civile, les bons marchands, les
« bourgeois rentés et les plus accommodés, on
« ne peut pas compter sur cent mille familles ;
« et je ne croirais pas mentir, quand je dirais
« qu'il n'y en a pas dix mille, petites ou grandes,
« qu'on puisse dire fort à leur aise. »

Grace à Dieu ! le tableau a changé d'aspect
pour les masses populaires comme pour les
classes mieux loties.

L'amélioration graduelle de la condition matérielle des classes ouvrières est indubitable.
Sous ce rapport, l'ouvrage de M. Villermé renferme les renseignemens les plus détaillés et
les plus précieux. Elle est manifeste, elle l'est
trop pour le luxe des habits et le goût de la
toilette. Qu'il y a loin de nous au siècle du
sayon en poil de chèvre ! la loi d'égalité qui a
effacé toutes les distinctions de costume, in-

spire aux ouvriers le désir de se placer, par
leur mise, au niveau des classes plus aisées,
et trop souvent ils sacrifient à cette vanité sté-
rile les plus solides élémens du bien-être, la
nourriture et le confort du foyer domestique,
préférant un bel habit à un habit chaud, le frac
à coupe élégante à un pourpoint bien étoffé
ou à une ample casaque. Tout considéré cependant, les vêtemens sont devenus plus sains
en même temps que plus recherchés. Le drap
et les étoffes de laine ont remplacé la toile, la
froide toile, qui convient mieux aux régions
tropicales qu'à nos régions ultra-tempérées.
Le coton est venu leur offrir en même temps
l'avantage d'un énorme rabais et celui d'une
enveloppe plus calorifique. Quant à l'alimenta-
tion, le progrès se révèle par la substitution de
farineux plus salubres et plus nourrissans à
d'autres qui l'étaient moins. Le sarrazin et l'a-
voine font place au seigle, celui-ci au froment.
L'usage du vin s'étend. On estime que de 1788
à 1835, le nombre d'hectares cultivés en vi-
gnes est monté de un million et demi à deux

5

millions cent trente-cinq mille, et a éprouvé une augmentation plus forte que celle de la population. Les maisons sont mieux bâties et mieux closes. Des maladies cruelles ont été vaincues par la science ou ont perdu leur âpreté. Les pratiques de la bonne hygiène, les bains, l'usage de la flanelle, tombent dans le domaine commun. Les habitudes de propreté, premier luxe du riche, seul luxe que dût ambitionner le pauvre, se répandent rapidement. Il y a donc progrès incontestable.

Mais sous quelques rapports, le progrès est lent ou il s'opère par une voie écartée, au travers de laquelle il se pervertit. A l'égard des vins, une mauvaise assiette des taxes municipales exerce de fâcheux résultats. Les boissons fermentées sont au nombre des besoins naturels de l'homme : elles sont de première nécessité. L'histoire nous montre que chaque peuple a eu ses liquides fermentés, dès le plus bas degré de l'échelle de la civilisation. Mais chez nous, dans les grandes villes, les tarifs exagérés des octrois, empêchant la consommation du vin,

poussent à celle d'une eau-de-vie grossière,
et excitent le penchant à l'ivrognerie dont la
population ouvrière de mainte localité du
Nord, d'Amiens par exemple, est infestée.
Sous le rapport de la viande, sur plusieurs
points, et notamment à Paris, les classes ouvrières, depuis quelques années, reculent plutôt que d'avancer. Soit qu'elles consacrent à
leur mise une partie trop forte de leurs salaires, soit que la viande de bonne qualité en-
chérisse continuellement, faute d'être pro-
duite en quantité suffisante, les viandes les
plus saines, celles qui donnent le plus de vi-
gueur à l'organisme humain, entrent de moins
en moins dans la capitale, et sont remplacées
par le porc et par la charcuterie ; c'est affligeant
pour l'hygiène publique, car, à ce régime, la
race doit dégénérer ; c'est déplorable pour
la production, car si les ouvriers de la
Grande-Bretagne travaillent plus que les autres, le mérite en revient pour une bonne part
à la chair qu'ils consomment en plus grande
quantité. Aussi l'un des chants nationaux de

nos voisins insulaires, l'un de leurs *Montjoie Saint-Denis!* c'est l'apothéose du rosbif de la vieille Angleterre (*roast beef of old England*). Sur le même sujet , M. Villermé rapporte qu'à la Maison centrale de détention de Riom , en donnant un supplément de viande, on obtint tout de suite, et en résumé avec économie, de détenus chargés de polir des glaces beaucoup plus de travail qu'auparavant. Ce qui est vrai des Anglais ne le serait-il pas des Français : ce qui l'est des prisonniers ne le serait-il pas des honnêtes gens.

C'est un fait trop certain que l'abâtardissement partiel de la race dans les grands centres d'industrie, sous l'influence d'une misère multiple, sorte d'hydre à cent têtes qui l'étreint par le froid, par l'insalubrité des gîtes où sont entassés femmes, vieillards et enfans, par l'air impur qu'ils respirent dans les ateliers, par la débauche et l'ivrognerie à laquelle le pauvre a du penchant à se livrer pour s'étourdir, ou pour prendre sa revanche de longs jeûnes, quand luit un éclair de bon-

heur ou quand vient le jour de paie. Le recrutement constate cette dégénérescence, au grand
effroi du ministre de la guerre. Qu'elle est laide
et dégradée, l'espèce humaine, telle qu'elle se
montre toute nue aux conseils de révision dans
nos villes de fabrique! La phthysie pulmonaire
marque ceux-ci au front; ceux-là sont ravagés
par les scrofules; les visages sont étiolés, les
membres décharnés, la stature est petite et
grêle. A Amiens, grande cité manufacturière,
d'après les relevés du docteur Villermé, contre
93 impotens par vice de constitution ou défaut
de taille, qu'on rencontre dans la classe aisée, il
y en a, dans la classe ouvrière, 243. Un autre
résultat, tristement remarquable, signalé par
M. Villermé, c'est que, dans le département
du Haut-Rhin, de 1810 à 1823, pendant
que les manufactures se multipliaient, la taille
moyenne constatée par les tableaux de recrutement, a paru diminuer sensiblement.

La brièveté de la vie parmi la population
de certains ateliers est frappante. M. Villermé
a pu dresser un tableau exact et complet, par

3.

professions, pour les douze années de 1823 à
1834, de tous les décès d'une des villes les
plus manufacturières de France, de Mulhouse.
Reproduisons quelques uns des faits qu'on est
tout surpris de voir ressortir de ces tables. A
Mulhouse, la mortalité est telle dans certaines
classes que, pour l'ensemble de la population,
la vie probable des enfans, au moment de la
naissance, est réduite à sept ans et demi. Elle
est de treize ans et demi, c'est-à-dire à peu près
double, dans le département du Haut-Rhin qui
est couvert de manufactures, et de vingt à vingt-
cinq, c'est-à-dire triple, dans l'ensemble de la
France, de la Belgique, de la Suède, du Da-
nemarck, de l'Allemagne, de la Suisse et de
l'Angleterre.

Si de l'ensemble on passe à l'examen suc-
cessif des divers élémens de la population, on
trouve que cette vie probable varie selon les
diverses professions ou conditions sociales
dans des limites dont on n'aurait pas d'idées,
si le livre de la mort n'était là comme un irré-
cusable témoin. Voici ce qu'elle est au moment

de la naissance pour les diverses conditions sociales :

	Vie probable à la naissance.
Manufacturiers, fabricans, directeurs d'usines, négocians, drapiers.....	28 ans.
Boulangers et meuniers...........	12
Simples imprimeurs d'indiennes....	10
Journaliers et manœuvres..........	9
Maçons, charpentiers...........	4
Cordonniers, graveurs, menuisiers..	3
Serruriers.......................	1 3/4
Simples tisserands...............	1 1/2
Simples ouvriers de filatures.......	1 1/4

Ainsi, après quinze mois, sur cent enfans
nés parmi les simples ouvriers des filatures,
cinquante ne sont plus. Quel holocauste au
dieu des manufactures! Quelles hécatombes
dévore cette implacable divinité !

Heureusement ces résultats ne sont pas uni-
versels. Mulhouse est dans un cas extrême.
On y trouve une classe exceptionnellement misérable, qu'on appelle dans le pays des *nègres
blancs*, selon M. Villermé. Ce sont des émi-

grans venus, dénués de tout, des plus pauvres
districts de l'Allemagne, et que leur dénue-
ment suit en France, acharné, indélébile
comme le péché originel. On pourrait citer des
fabriques, des villes entières, où la population
manufacturière n'est pas moissonnée à coups
plus redoublés que le reste des habitans, et
où pour elle l'existence se prolonge autant
que pour la classe agricole. Tels sont dans le
Haut-Rhin l'établissement de Wesserling, celui de MM. Hartmann et bien d'autres; telle
est près de Paris la grande filature fondée par
Oberkampf près de Corbeil, et où ses enfans
ont conservé ses traditions patriarcales; telle
est aux États-Unis la ville de Lowell (Massa-
chusetts), où six à sept mille filles vivent
comme des nonnes dans leurs couvens, et
amassent une dot qu'elles apportent ensuite à
quelque hardi pionnier qui part des bords du
Connecticut pour aller défricher un *quart de
section* à cinq cents lieues de là, sur les rives
ci-devant françaises de l'Illinois, ou dans le
voisinage des grands lacs. Telle est chez nous,

à un degré moins extraordinaire, mais digne pourtant d'être signalé, la ville de Sedan. Telle est en Angleterre la grande fabrique de M. Ashton justement vantée par M. Baines.

Cependant, telle qu'elle est aujourd'hui généralement, l'existence de la classe ouvrière considérée dans sa masse, est misérable : la salubrité et le bien-être y manquent. Il faut reconnaître que, si, par rapport aux souffrances des temps passés, le lot de l'ouvrier est satisfaisant, il ne remplit pas, à beaucoup près, les conditions que prescrivent les sentimens d'humanité des temps modernes et les idées d'égalité gravées maintenant dans tous les cerveaux, non pas de l'égalité démagogique, qui serait la plus cruelle des tyrannies, la plus choquante des inégalités, mais de l'égalité sagement entendue, A l'impatience des ouvriers, répondons en leur recommandant de jeter un coup d'œil en arrière et de mesurer le chemin qu'ils ont fait depuis Vauban. Mais en même temps, nous-mêmes fixons nos regards sur l'avenir tel qu'il peut, tel qu'il doit être, tel que quelques peuples placés dans des circonstances privilégiées ont pu l'atteindre déjà, et disons-nous que nous devons nous y acheminer d'un pas ferme.

Cet avenir n'est-il pas une chimère? Non. La raison nous apprend qu'il doit arriver brillant et magnifique. La puissance productive de l'homme va toujours croissant. Les machines d'un côté, les découvertes de la chimie et de la physique de l'autre, l'augmentent sans cesse et doivent la multiplier à l'infini. La masse des produits créés grossissant toujours proportionnellement à la population, la quote-part des produits revenant à chacun doit grossir de même. Donc le bien-être peut s'élargir indéfiniment pour tous, sans exception, pauvres et riches. Conséquence inévitable pour peu que nous la voulions et que nous ayons la patience d'y mettre le temps! Conclusion qui doit inspirer une douce et imperturbable confiance aux hommes de bien, et rassurer ceux qui craignent que la jalousie du pauvre contre le riche ne ramène sur nos têtes les tempêtes effroyables qui ont désolé notre patrie il y a un demi-siècle! Au surplus, les heureuses exceptions que nous signalions tout à l'heure, attestent que ce nouveau régime, cette sorte d'Eden, existe déjà non seulement dans les espaces nuageux du raisonnement et de la logique, mais dans les faits; non seulement dans les cieux, mais sur la terre; non seulement dans des régions étrangères, mais sur le sol français.

Mais quel est donc le chemin de cet ordre nouveau? Peut-être serons nous près de le connaître, quand nous saurons quels sont les principaux caractères du mal présent. Or le vice le plus saillant qu'on distingue dans le présent, ce en quoi il diffère de l'ordre nouveau, c'est qu'il n'est un ordre d'aucune espèce; c'est qu'il n'a rien de commun avec l'ordre; c'est qu'aujourd'hui, dans l'existence de l'ouvrier, tout est mobilité, incertitude, absence de règle, de classement, de sécurité. Mille causes, parmi lesquelles on doit citer les alternatives de prospérité et de prostration

commerciale, le retour fatal et presque forcé
des crises, jettent dans l'existence de l'ouvrier
les funestes élémens d'une instabilité cruelle.
Il oscille entre des salaires élevés, quelquefois
brillans, produits par un travail modéré, et
la plus insuffisante des subsistances, qu'il
achète encore par des labeurs forcés. Il passe
d'un faux semblant de luxe à une lamentable
détresse, de la prodigalité relative, sinon de
l'orgie, à l'horrible faim. Cette négation de
toute fixité dans le revenu, et par conséquent
dans l'existence matérielle, détruit le corps
et démoralise l'ame. La plus grande et la plus
précieuse des richesses publiques et privées,
c'est la certitude du lendemain. Dépouillé de
cette certitude, l'homme est campé dans la
société, il n'y est pas établi. Sans lendemain,
il n'y a pas de foyer domestique, et par conséquent de famille, ni de bonnes mœurs. Un
pays où une masse considérable d'habitans en
est privée, et où d'ailleurs cette masse, au
lieu d'être enchaînée dans la condition des
ilotes, est libre et autorisée à se prévaloir de

tous les droits de cité, où elle peut invoquer
hautement un principe d'égalité écrit en tête
des lois, et où elle a le sentiment de sa force,
est par cela seul dans la plus précaire des conditions. Un pays ainsi fait couve toutes les na-
tures de désordre, il est miné et contreminé
par les révolutions. Il doit modifier ses conditions d'existence, sous peine de périr.

Aussi la taxe des pauvres, que du point de
vue financier on a blâmée avec raison, et dont
jusqu'à ces derniers temps l'administration
était vicieuse, n'en était-elle ou plutôt n'en
est-elle pas moins, du point de vue politique, une mesure fort sage, car elle introduit
dans la vie des ouvriers anglais une donnée
de certitude modeste, à coup sûr, mais posi-
tive; elle leur assure ce qui chez nous n'est
garanti à aucune classe, à aucune institution,
à aucun homme, à aucun pouvoir, l'avenir.
Les économistes ont pu la réprouver. L'homme
d'État, qui a la vue plus longue et plus ample, doit la sanctionner en tant que création

4

du passé et qu'expédient provisoire dans le présent, en Angleterre.

Tout d'ailleurs, dans l'industrie, est à l'image des salaires et de la vie matérielle, variable, mobile et incertain. Les points fixes y manquent tout-à-fait. Il n'y a aucun lien entre le supérieur et l'inférieur, aucun rapprochement entre les égaux. Tout y est en désarroi, tout y tourbillonne ; rien n'y tient, rien n'y dure.

La misère morale est là trop fidèle compagne de la misère physique, elle l'est plus encore de cette incertitude qui pèse sur l'ouvrier, de cette instabilité dont il est le jouet, qui l'élève, l'abaisse et le secoue violemment dans son humble sphère. D'une existence irrégulière à une vie déréglée il n'y a qu'un pas. De là une nouvelle cause active, énergique, qui menace sans cesse de bouleverser le fond de sable mouvant sur lequel repose maintenant la société ; je ne dis pas l'ordre social ; il ne faut pas appeler ordre l'anarchie et le chaos.

En un mot le plus grand fléau de l'industrie,

comme au reste de la société moderne toute
entière, c'est qu'elle est désorganisée ou inorga-
nisée. Ce dont elle a le plus besoin c'est d'une
organisation.

Sur ce point M. Villermé a mis justement
en relief les vices de la concurrence illimitée
considérée comme base unique du régime in-
dustriel. Sous la loi de la concurrence absolue,
l'industrie offre le spectacle d'une anarchie
désespérante; c'est un champ de bataille où
les victimes sont moissonnées avec une rapi-
dité effrayante et où la foule partage les dés-
astres de ses chefs. L'industrie jouera un
rôle immense dans l'avenir des sociétés ; dans
nos pays libres et civilisés elle formera, elle
forme déjà le but unique de l'activité matérielle des populations. Mais de sa situation pré-
sente à sa condition future il y a aussi loin que
des cohues barbares, indisciplinées, dégue-
nillées, pillardes, dont se composaient les
armées il y a douze cents ans, aux corps régu-
liers, bien équipés, bien disciplinés, bien

pourvus de toutes choses, qui constituent les
armées modernes. Là une prévoyance infatigable accompagne chacun depuis le jour de son
entrée sous les drapeaux jusqu'au moment de
sa retraite, jusqu'à celui de sa mort; bienfait
inappréciable après lequel soupirent aujour-
d'hui nos prolétaires, écrasés qu'ils sont du faix
de leur indépendance absolue! Quelle sera la clé
de cette organisation? Comment la hiérarchie,
en l'absence de laquelle il n'y a pas d'ordre
possible, y sera-t-elle fondée? Comment notre
siècle, qui a désappris à obéir, y sera-t-il fa-
çonné et plié? Quel y sera le code des droits
et des devoirs? Il ne m'appartient pas de le
dire, et j'ose croire que c'est le secret des
dieux qu'aucun audacieux Prométhée ne leur
a dérobé encore. Cependant on peut affirmer
sans crainte d'être démenti par les événemens
que ce régime nouveau, en même temps qu'il
sera un ordre, n'aura rien que ne puisse
avouer le principe d'égalité, qu'il n'y aura pas
de place pour les castes, et que ceux qui ont
parlé de féodalité industrielle avaient les re-

gards tournés vers le passé, quand ils croyaient contempler face à face l'avenir.

Un autre principe sera inscrit en lettres d'or sur le fronton du nouveau temple, c'est celui d'association. L'association est un des ressorts les plus puissans pour organiser les hommes. Comme instrument de bien-être, elle offre des ressources infinies. Elle est admirable pour augmenter l'intensité des forces productives; elle ne l'est pas moins pour agrandir les jouissances de la consommation, grace à l'économie qui est son inséparable compagne. Le genre humain, depuis un demi-siècle, a fait jaillir du principe de liberté des résultats miraculeux, éblouissans, auxquels on ne peut croire que lorsque, comme saint Thomas, on les touche du doigt. Mais il a plus d'une corde à son arc. Il ne peut pas, il ne doit pas toujours faire vibrer la même. Le moment est venu où il doit s'adresser à celles de l'ordre, de la stabilité, de l'association. Il doit courir une bordée semblable à celle qu'ont courue nos pères et que la génération actuelle a digne-

ment terminée, mais dans une autre direction
et en virant de bord. Au terme de sa carrière,
il trouvera un trophée non moins riche et non
moins glorieux que la toison d'or qui a été le
prix de la campagne entreprise au nom de la
liberté, et il n'aura pas à l'acheter au prix des
larmes des mères et du sang des fils.

MICHEL CHEVALIER.

TABLEAU

DE

L'ÉTAT PHYSIQUE ET MORAL DES OUVRIERS

EMPLOYÉS

Dans les Manufactures de Coton, de Laine et de Soie;

PAR

M. LE Dr VILLERMÉ,

Membre de l'Académie des sciences morales et
politiques, etc.

OUVRAGE ENTREPRIS PAR ORDRE DE CETTE ACADÉMIE.

2 vol. in-8. — Prix : 15 fr.

En 1835, l'Académie des sciences morales
et politiques de l'Institut, conformément à
l'esprit et au texte de la loi du 3 brumaire
an IV qui a organisé l'Institut, chargea deux
de ses membres, M. le docteur Villermé et

M. Benoiston de Châteauneuf, de faire, dans les départemens de la France, des recherches ayant pour but de *constater, aussi exactement qu'il serait possible, l'état physique et moral des classes ouvrières.*

Afin de rendre leur voyage plus utile, les deux académiciens se séparèrent, et, pendant que son confrère parcourait le centre de la France et les côtes de l'Océan, M. le docteur Villermé visitait les départemens où les industries du coton, de la laine et de la soie occupent le plus d'ouvriers. Telle a été l'origine de cet ouvrage.

Voici comment l'auteur explique le mode qu'il a adopté dans ses recherches :

« Il me fallait examiner les effets de l'industrie sur ceux qu'elle emploie, interroger la misère sans l'humilier, observer l'inconduite sans l'irriter. Cette tâche était difficile. Eh bien ! j'aime à le dire : partout des magistrats, des médecins, des fabricans, de simples ouvriers, se sont empressés de me seconder. Avec leur aide, j'ai pu tout voir, tout entendre, tout connaître. Ils m'ont, comme à l'envi, fourni des renseignemens. J'en ai demandé, j'en ai surpris. Et tel est le soin que je désirais mettre à cette espèce d'enquête, que j'ai suivi l'ouvrier depuis son atelier jusqu'à sa demeure. J'y suis entré avec lui, je l'ai étudié au sein de sa famille, j'ai assisté à ses repas. J'ai fait plus : je l'avais vu dans ses travaux et dans son ménage, j'ai voulu le voir dans ses plaisirs, l'observer dans les lieux de ses réunions. Là, écoutant ses conversations, m'y mêlant parfois, j'ai été, à son insu, le confident de ses joies et de ses plaintes, de ses regrets et de ses espérances, le témoin de ses vices et de ses vertus. . . . . .

« Une scrupuleuse exactitude était d'ailleurs d'autant plus indispensable, que l'ignorance et l'esprit de parti ont répandu de graves erreurs sur la position des ouvriers de nos

manufactures. Or , comme il m'arrive de sou-
tenir des opinions contraires à celles que beaucoup de personnes adoptent consciencieuse-
ment , et que beaucoup d'autres défendent
par calcul, c'était pour moi un devoir rigou-
reux de décrire les faits tels que je les avais
vus.

« Malgré tout le soin et toute la conscience
que j'ai mis dans mes recherches , et que
je mettrai à les exposer, des accusations pour-
ront encore s'élever contre moi. On ne saurait toucher aux préjugés et aux intérêts des
hommes sans exciter leurs passions. Peut-
être aussi trouverai-je des défenseurs dans les
préjugés et les intérêts contraires. Mais de
cette controverse, qui doit conduire à mieux
éclairer les faits, il ne pourra sortir que des
vérités nouvelles et utiles. »

Cet ouvrage se compose de deux parties.
Dans la première, un chapitre séparé est con-

sacré à chacune des fabriques que l'auteur a visitées; dans la seconde, s'élevant à des vues et à des considérations générales, il approfondit les questions, et chaque ordre de faits devient le sujet d'un chapitre particulier.

La longueur de ce travail n'a pas permis à M. le docteur Villermé de le soumettre en entier à l'Académie. Il a pensé qu'il lui devait surtout la partie raisonnée de ses recherches, et il a dû, dans son rapport, sacrifier la première partie, bien qu'elle contienne, plus que la seconde peut-être, des choses nouvelles et propres à exciter l'attention, par la masse de faits intéressans et d'observations curieuses qu'elle renferme.

L'Académie des sciences morales et politiques, qui a ordonné l'insertion du rapport dans le recueil de ses mémoires, n'a donc pas connu la première partie de cet ouvrage, non plus que les paragraphes nouveaux qui ont été ajoutés à la seconde.

Au moment où l'on s'occupe avec tant de zèle de l'amélioration du sort des classes souffrantes, l'ouvrage de M. le docteur Villermé jettera un grand jour sur la plupart des questions qui sont soulevées.

EXTRAIT

D'UN ARTICLE PUBLIÉ DANS LA

BIBLIOTHÈQUE UNIVERSELLE

DE GENÈVE,

PAR

M. A.-P. de Candolle,

Membre correspondant de l'Académie des sciences morales et politiques,

SUR LE

TABLEAU DE L'ÉTAT PHYSIQUE ET MORAL
DES OUVRIERS.

N° 58. — Octobre 1840.

Dans les sciences morales comme dans les sciences physiques et naturelles, l'observation doit marcher de pair avec la théorie; elles doivent s'aider mutuellement, pour ne pas

5

conduire à d'étranges erreurs et aux systèmes
les plus ridicules.

L'Académie des sciences morales et politiques nous paraît destinée à faire triompher ce
principe. Depuis le peu d'années qu'elle existe,
elle a provoqué d'excellens travaux dans
lesquels cette tendance est manifeste. L'étude
des faits agricoles et industriels, les recherches laborieuses de la statistique, viennent
contrôler ou fonder, dans les écrits auxquels
nous faisons allusion, les doctrines du droit
et les principes d'une saine économie politique. De là un caractère de logique et de
prudence, qui rendra ces travaux plus utiles
et qui les fera accepter par les hommes de
tous les partis comme le résultat d'une véritable science.

L'ouvrage de M. Villermé a été entrepris
par ordre de l'Académie, dont il est un des
membres les plus zélés. Avant de se former
une opinion sur les manufactures françaises,

il fallait les connaître sous certains points de vue dont les fabricans s'occupent assez peu. Il fallait s'assurer de la durée du travail pour les différentes classes d'ouvriers, de l'état matériel et moral des villes manufacturières, de la santé des travailleurs, de leurs ressources dans les crises commerciales, de leurs idées à l'égard des caisses d'épargnes, des livrets, des avances que leur font les maîtres, et de plusieurs autres faits variables qui influent sur leur condition et sur celle des fabriques en général. C'était un voyage à faire en France; mais dans un but nouveau et avec un esprit tout différent de celui des voyageurs ordinaires. M. Villermé n'était pas au-dessous de cette tâche difficile.

Ayant vu de près, comme militaire, puis comme médecin, les classes inférieures de la société, il pouvait se placer dans les conditions les plus favorables à une bonne observation. Étranger aux partis politiques, au gouvernement, aux maîtres et aux ou-

vriers, il pouvait tout entendre, tout écouter,
tout demander. C'est en quoi il a réussi, et
c'est ce qui donne à son livre un cachet de
vérité.

M. Villermé a visité les principaux centres
de manufactures du Nord, de l'Est et du Sud-
est de la France. Dans chaque ville il s'est
mis en communication avec les médecins, les
administrateurs, les fabricans, les ouvriers
eux-mêmes. Il a pénétré avec eux dans les familles, comme dans les ateliers. Espion d'un
nouveau genre, animé d'une vraie philanthro-
pie, il a revêtu quelquefois le drap grossier,
pour entrer dans les cabarets, dans les cafés,
dans les hôtels garnis que fréquentent les ouvriers. Il y a surpris leurs confidences, il y a
compris les haines et les sympathies qui les
animent et qui deviennent souvent le mobile
des coalitions. Se reportant ensuite dans une
autre sphère, il a étudié sur les registres de
l'état civil le mouvement des populations,
et dans les tableaux du recrutement, l'état de

santé des jeunes ouvriers. Enfin , il s'est atta-
ché à connaître et à faire valoir les opinions
des hommes qui ont le mieux scruté l'état de
chaque population industrielle. Partout il a
découvert des fabricans ou des fonctionnaires
publics animés comme lui du désir du bien.
Alors il s'est emparé de leurs publications
trop vite oubliées, de leurs recherches enfouies
dans des journaux obscurs de département.
Il les a mises au grand jour, et, rendant
hommage à chacun, il a propagé les idées
des autres comme les siennes.

C'est par de tels moyens que l'action des hommes de bien est renforcée. De locale elle devient
générale ; elle se répand sur toute la France
comme un souffle vivifiant, à une époque où
tant de causes augmentent les misères réelles
ou imaginaires des classes laborieuses.

L'ouvrage comprend deux volumes. Dans
le premier se trouvent les observations sur
chaque ville manufacturière, considérée iso-

5.

lément. Dans le second l'auteur s'élève à des vues générales d'économie politique et de législation appliquées aux classes industrielles. Il résume ce qu'il a observé à l'égard de la nourriture et des salaires des ouvriers, de leurs principes moraux et de leurs penchans. Il traite la question de la durée du travail, particulièrement pour les enfans. Il recherche l'influence des livrets, des écoles, des caisses d'épargnes, des associations de secours mutuels, etc. Il traite ensuite la grande question de l'influence des machines sur l'industrie et sur l'état des ouvriers. Enfin il termine par des conclusions générales, où se trouvent rappelées sommairement les observations qu'il a faites et les conseils qu'il a donnés en vue d'améliorer l'état des classes laborieuses. La marche des idées est, comme on voit, toute logique, toute du connu à l'inconnu, des faits aux principes généraux.

Analyser ou extraire un pareil ouvrage serait bien difficile, car chaque phrase est liée avec celle qui précède, chaque

chapitre est un tout parfaitement coordon-
né. Nous sommes forcés, par ce motif,
d'adopter le système des citations, en ayant
soin de les choisir après une lecture atten-
tive de l'ouvrage tout entier. Il nous a paru que la meilleure manière de procéder
était de citer les détails relatifs d'abord à la
plus misérable, ensuite à la plus heureuse
des villes industrielles de France, dans lesquelles on travaille le coton et la laine, en
laissant de côté les très-petites villes qui ont
une industrie du même genre. Nous parlerons
plus loin des manufactures de soieries, qui
sont dans un état intermédiaire. Commençons
par l'extrême de la misère, qui se trouve, en
général, dans les manufactures dont la ma-
tière première est le coton.

. . . .

(Bibliothèque universelle de Genève, n. 58,
octobre 1840.)

A la suite de ces observations, M. de Can-

dolle fait de nombreuses citations du livre de
M. Villermé.

Ces citations seront remplacées ici par les
tables des deux volumes, dont se compose
le *tableau de l'état physique et moral des ouvriers.*
Ces tables donneront une idée de l'importance des sujets traités par le savant philan-
thrope, dont le livre est indispensable aux
grands industriels, aux chefs de manufacture,
aux hommes politiques, aux économistes et
à tous ceux qui s'occupent du bien-être des
masses et des invidus, ou qui ont intérêt à
connaître leur véritable position.

TABLE

DES ARTICLES CONTENUS DANS LE PREMIER
VOLUME.

—

SECTION SECONDE.

SECTION TROISIÈME.

TABLE

<figure>⊶⊰◈⊱⊷</figure>

DE LA
BIENFAISANCE PUBLIQUE

Par M. le baron de Gérando,

PAIR DE FRANCE, MEMBRE DE L'INSTITUT,
MEMBRE DU CONSEIL GÉNÉRAL DES
HOSPICES DE PARIS, ETC.

4 volumes in-8°, Prix : 30 fr.

⟨❦⟩

DIVISION DE L'OUVRAGE.

— *Livre II*. Des institutions de prévoyance.

— *Livre III*. Des moyens généraux propres à améliorer la condition des classes malaisées.

IIIᵉ PARTIE. — DES SECOURS PUBLICS. — *Livre I*. Des moyens de procurer aux indigens une occupation utile. — *Livre II*. Des secours à domicile. — *Livre III*. De l'hospitalité publique.

IVᵉ PARTIE. — DES RÈGLES GÉNÉRALES DE LA BIENFAISANCE PUBLIQUE CONSIDÉRÉES DANS LEUR ENSEMBLE. — *Livre I*. Des lois sur les pauvres. — Des origines de cette législation. — De cette législation dans l'Europe moderne. — Des conditions d'une bonne législation sur les pauvres. — *Livre II*. De l'administration des secours publics. — Conditions d'un bon système de secours. — De l'organisation des secours publics. — Conclusion.

DE L'ABOLITION

DE L'ESCLAVAGE ANCIEN

EN OCCIDENT,

OU

EXAMEN DES CAUSES PRINCIPALES

Qui ont concouru à l'extinction de l'esclavage ancien dans
l'Europe occidentale, et de l'époque à laquelle ce grand
fait historique a été définitivement accompli;

PAR

M. ÉDOUARD BIOT.

Ouvrage couronné par l'Académie des sciences morales et politiques

1 volume in-8°. Prix: 7 fr. 50.

www.ingramcontent.com/pod-product-compliance
Lightning Source LLC
Chambersburg PA
CBHW070812210326
41520CB00011B/1927